AF313100

Histoire de la Manufacture de Jouy et de la Toile Imprimée au XVIIIᵉ Siècle

Par Henri Clouzot

Paris. Les Éditions G. Van Oest

MCMXXVIII

HISTOIRE DE LA MANUFACTURE DE JOUY
ET DE LA TOILE IMPRIMÉE EN FRANCE

HENRI CLOUZOT

HISTOIRE

DE LA

MANUFACTURE DE JOUY

ET DE

LA TOILE IMPRIMÉE

EN FRANCE

PLANCHES

PARIS ET BRUXELLES
LES ÉDITIONS G. VAN OEST

MCMXXVIII

TABLE DES PLANCHES

MANUFACTURES DE PROVINCES.

6252-28. — Tours, Imprimerie Arrault et Cie.

Jouy. — Scènes chinoises, polychrome, vers 1770,
(Collection M. Mey.)

JOUY. — La Pêche maritime, camaïeu, vers 1780.
(Musée de l'Union Centrale des Arts décoratifs.)

Jouy. — Les Petits pêcheurs, polychrome, vers 1770.
(Collection Mme Henri Clouzot.)

Jouy. — Don Quichotte, camaïeu, vers 1780.
(Musée de l'Union Centrale des Arts décoratifs.)

Jouy. — Les Faisans, camaïeu, vers 1770.
(Collection Lucien Bouix.)

Jouy. — Chasse au cerf et au sanglier, camaïeu, vers 1780.
(Courtesy of Mr H. Coffin.)

Jouy. — Le Jet d'eau polychrome, vers 1770.
(Collection Lucien Bouix)

Jouy. — La Liberté américaine, par J.-B. Huet, camaïeu, vers 1784.
(Courtesy of Mr. Geo. P. Baker.)

Jouy. — Enfant au dauphin, polychrome, vers 1770.
(Collection Lucien Bouix.)

Jouy. — Le Ballon de Gonesse, camaïeu, 1784.
(Collection M. Mey.)

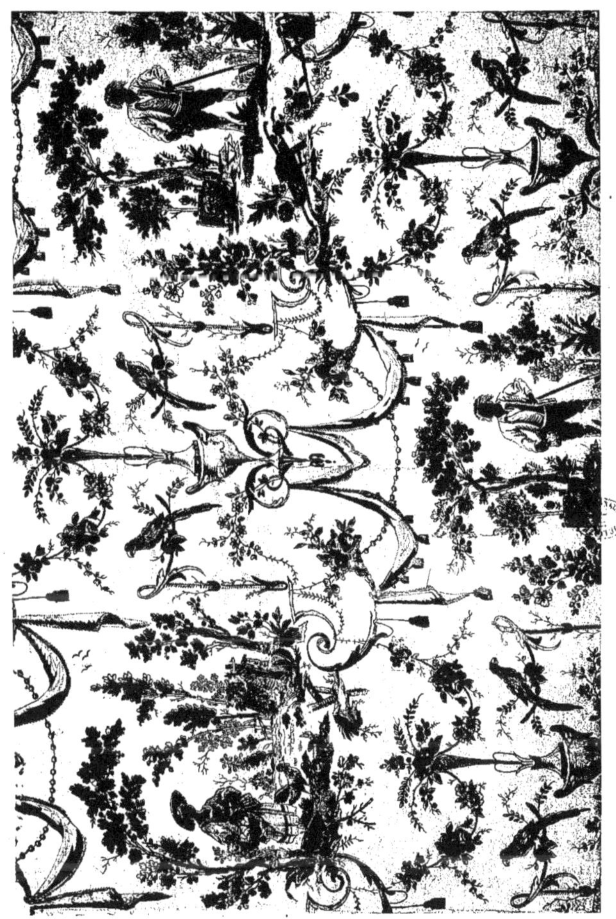

Jouy. — Jardinier et jardinière, polychrome, vers 1770.
(Collection Tassinari et Chatel.)

Jouy. — Le Mariage de Figaro, camaïeu, 1784.
(Musée de la Société industrielle de Mulhouse.)

Jouy — Motifs chinois, polychromes, vers 1775.
(Bibliothèque Forney.)

Jouy. — Les Vendanges, camaïeu, vers 1785.
(Courtesy of Mr Elsberg.)

Jouy. — Motif imbriqué chinois, polychrome, vers 1775.
(Collection Mme Henri Clouzot.)

JOUY. — Les Quatre parties du monde, par J.-B. HUET, camaïeu, vers 1785.
(Collection Tassinari et Chatel.)

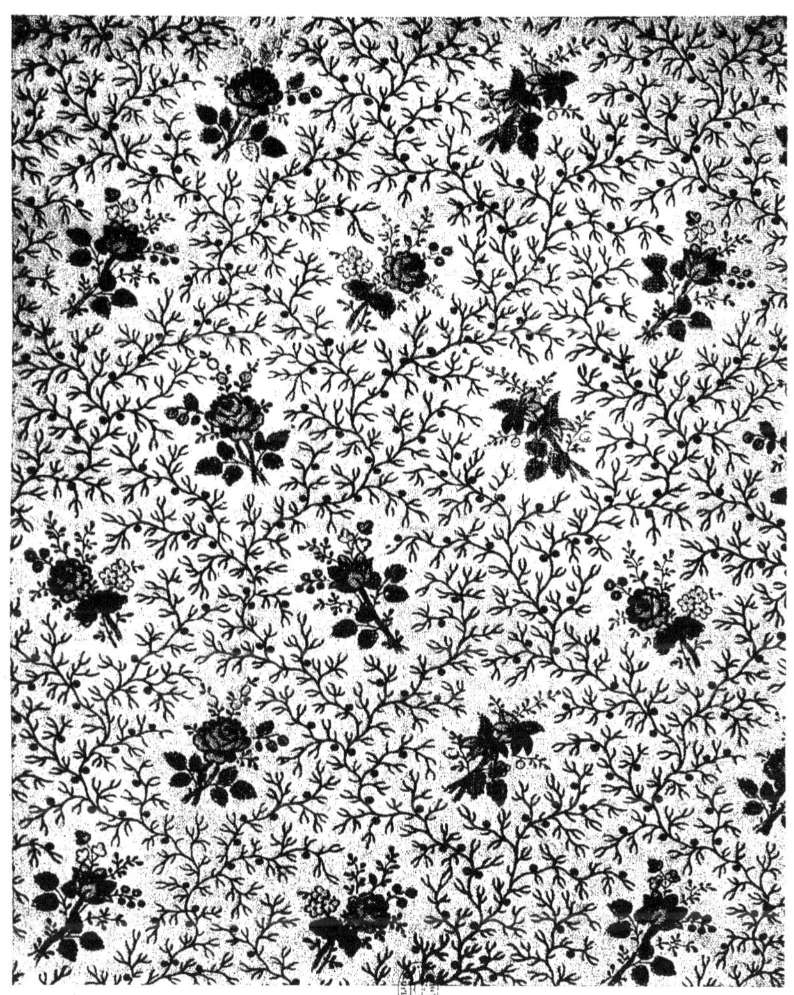

JOUY. — Roses et brindilles, polychrome, vers 1775.
(Collection Mme Théodore Mallet.)

Jouy. — Le Couronnement de la Rosière, par J.-B. Huet, camaïeu, vers 1785.
(Musée de l'Union Centrale des Arts décoratifs.)

Jouy. — Roses et myrtes, polychrome, vers 1775.
(Bibliothèque Forney.)

Jouy. — Les Quatre éléments, camaïeu, vers 1790.
(Collection M. Mey.)

JOUY. — Dessin de fleurs et bordure, polychromes, 1775.
(Bibliothèque Forney.)

Jouy. — Louis XVI restaurateur de la liberté, par J.-B. Huet, camaïeu, vers 1790.
(Collection Tassinari et Chatel.)

Jouy. — Fleurettes détachées, polychromes, vers 1775.
(Collection Mme Henri Clouzot.)

Jouy. — La Fête de la Fédération, par J.-B. Huet, camaïeu, 1791.
(Musée Carnavalet.)

JOUY. — Décor indien. polychrome, vers 1780.
(Collection Mme Théodore Mallet.)

Jouy. — Le Lion amoureux, par J.-B. Huet, camaïeu, 1798.
(Bibliothèque Forney.)

JOUY. — Les Coquecigrues, polychrome, vers 1780.
(Collection Mᵐᵉ Théodore Mallet.)

JOUY. — Scènes antiques, par J.-B. HUET, camaïeu, vers 1800.
(Collection Tassinari et Chatel.)

Jouy. — Fleurs indiennes, polychrome, vers 1780.
(Collection Rosot.)

Jouy. — Le Loup et l'agneau, par J.-B. Huet, camaïeu, vers 1802.
(Collection Tassinari et Chatel.)

Jouy. — Fleurs et vases chinois, polychrome, vers 1780.

(Collection Mme Henri Clouzot.)

Jouy. — Diane chasseresse, par J.-B. Huet, camaïeu, vers 1805.
(Bibliothèque Forney.)

Jouy. — Fleurs détachées, polychrome, vers 1780.
(Collection Louis Becker.)

Jouy. — Le Meunier, son fils et l'âne, par J.-B. Huet, camaïeu, 1806.
(Musée de l'Union Centrale des Arts décoratifs.)

Jouy. — Les Œillets, polychrome. vers 1780.
(Collection Mᵐᵉ Théodore Mallet.)

Jouy. — L'Oiseleur, par J.-B. Huet, camaïeu, vers 1800.
(Musée de l'Union Centrale des Arts décoratifs.)

Jouy. — Les Lilas, polychrome, vers 1780.
(Collection Mme Théodore Mallet)

Jouy. — Scènes pompéiennes, par J.-B. Huet, camaïeu, vers 1808.
(Bibliothèque Forney.)

Jouy. — Fleurs fond ramoneur, polychrome, vers 1785.
(Collection Mme Théodore Mallet.)

Jouy. -- Offrande à l'Amour, par J.-B. Huet, camaïeu, 1810.
(Musée de l'Union Centrale des Arts décoratifs.)

JOUY. — Mignonnettes, polychromes, vers 1785.
(Collection Mme Théodore Mallet)

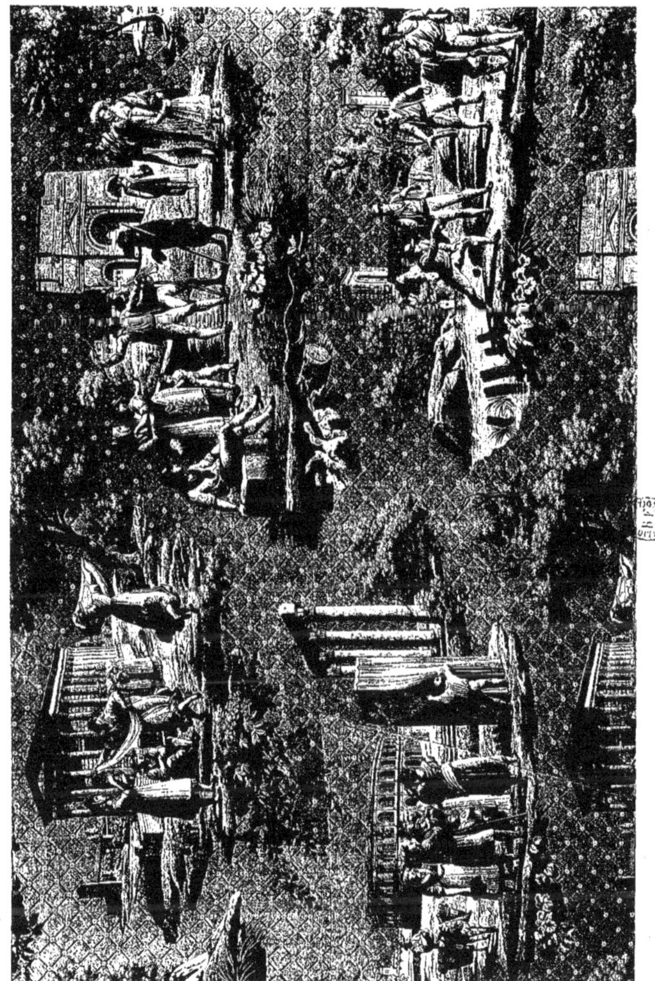

Jouy. — Scènes romaines, par PINELLI, camaïeu, 1811.
(Collection Mme Henri Clouzot.)

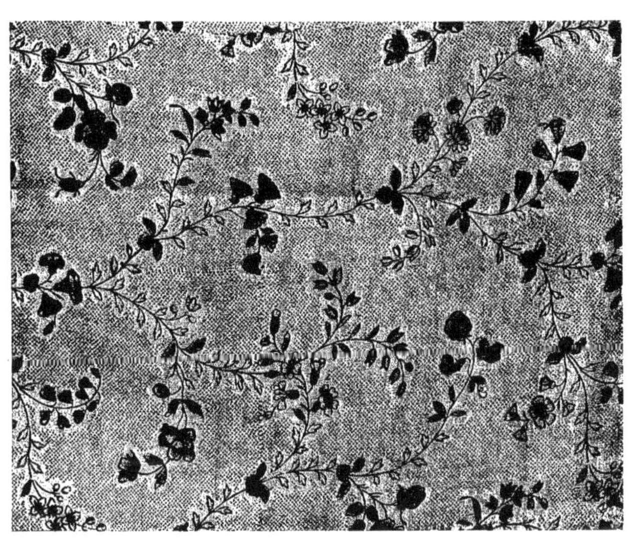

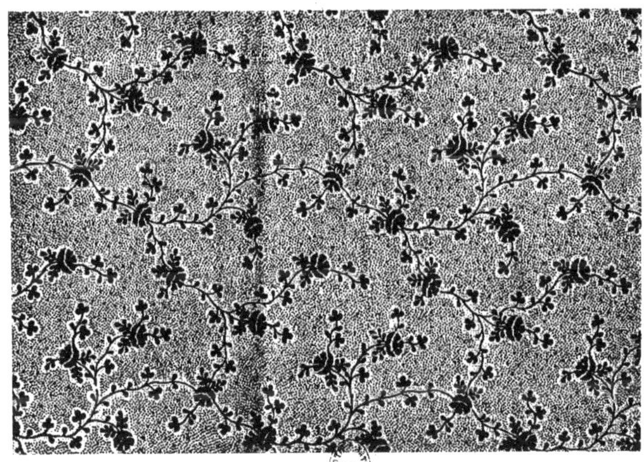

JOUY. — Fleurettes picotées polychromes, vers 1785.
(Collection Mme Théodore Mallet.)

Jouy. — Paysage suisse, par DEMARNE, camaïeu, 1814.
(Collection Mme Henri Clouzot)

Jouy. — Bordures de châles, polychromes, vers 1800.
(Collections Mme Sabatier d'Espayran (1 et 3) ; Mme Henri Clouzot (2).)

Jouy. — Chasse au cerf, par Horace Vernet, camaïeu, 18.5.
(Collection Tassinari et Chatel.)

JOUY. — Les Monuments de Paris, par HIPPOLYTE LEBAS, camaïeu, 1816.
(Collection Dʳ Octave Claude)

AGEN (Lauzun aîné et Cⁱᵉ.) — Dessins de fleurs, polychromes, vers 1800.
(Collection Dʳ Octave Claude.)

Angers (Le Sourd De L'Isle, La Besnardière, Gautier et Cⁱᵉ). — Fleurs et pagode,
polychrome, vers 1780.
(Courtesy of Mr Harry Wearne)

Angers (Lemazurier, Bayon et Cie). — Fleurs et cygnes, vers 1800.
(Courtesy of Miss Elinor Merrell.)

BEAUTIRAN (J.-P. MEILLIER ET Cie). — La Corne fleurie, polychrome, vers 1798.
(Collection Mme Henri Clouzot.)

BEAUTIRAN (J.-P. MEILLIER ET Cⁱᵉ). — Dites merci !, camaïeu, vers 1798.
(Musée de l'Union Centrale des Arts décoratifs.)

BEAUTIRAN (J.-P. MEILLIER ET Cⁱᵉ). — Grandes fleurs, polychrome, vers 1798.
(Victoria and Albert Museum, London.)

Beautiran (J.-P. Meillier et Cᶦᵉ). — Les Trois Grâces, camaïeu, vers 1798.
(Collection Mᶦˡᵉ Madeleine Picard.)

Beautiran (J.-P. Meillier et Cⁱᵉ). — Grands œillets, polychrome, vers 1798.
(Collection Tassinari et Chatel.)

Bourges (Lesage et Cⁱᵉ). — Fleurs et ruines, réserve, vers 1775.
(Musée de Bourges)

DARNÉTAL (A. QUESNEL). — Décor indien, polychrome, vers 1788.

(Collection Rosot.)

Le Logelbach (J.-M. Haussmann). — Dessin de fleurs, polychrome, vers 1780.
(Musée de la Société industrielle de Mulhouse.)

Le Mans (Desportes frères et Cie). — Dessin de fleurs, polychrome, vers 1795.
(Courtesy of Mr. Geo P. Baker.)

MELUN (PERRENOD ET Cie). — Le Naufrage, polychrome, vers 1788.
(Collection Lucien Bouix.)

MELUN (PERRENOD ET Cie). — Bordure de fleurs, polychrome, vers 1788.
(Musée de la Société industrielle de Mulhouse.)

MONTPELLIER (CAMBON ET Cie). — Dessin de fleurs, polychrome, 1777.
(Collection Louis Becker.)

MontPellier (Lafosse, Lionnet et Médard). — La Course au sanglier, camaïeu, vers 1800.
(Musée de l'Union Centrale des Arts décoratifs.)

MULHOUSE (NICOLAS KOECHLIN). — Arrivée de Louis-Philippe à la Chambre des Députés,
camaïeu, 1830.

(Collection Dr Octave Claude.)

Mulhouse (Nicolas Kœchlin). — Agar renvoyée par Abraham, camaïeu, vers 1830.

(Bibliothèque Forney.)

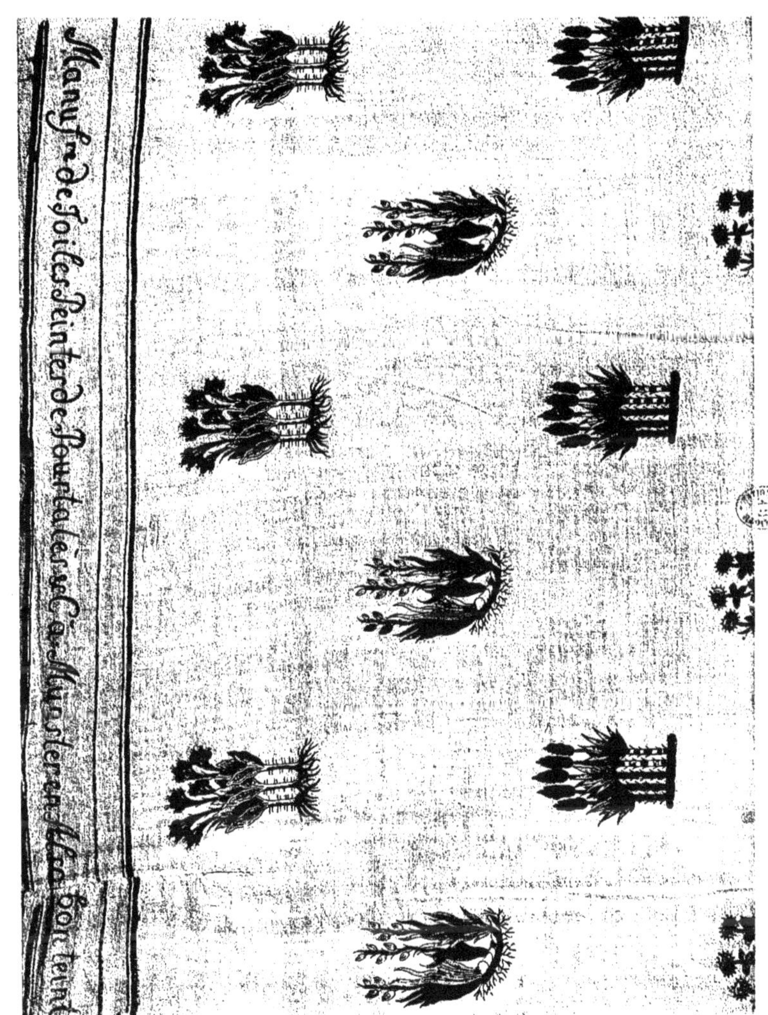

Munster (Pourtalés et Cie). — Fleurs indiennes, polychrome, vers 1795.
(Courtesy of Miss Elinor Merrell.)

MUNSTER (HARTMANN ET FILS). — Décor indien, vers 1800.
(Metropolitan Museum of Art, New York.)

NANTES (DUBERN ET Cie). — Le Tombeau de Voltaire, camaïeu, vers 1785.
(Collection Dr Octave Claude.)

NANTES (DUBERN ET Cⁱᵉ). — Le Marchand d'orviétan, camaïeu, vers 1785.
(Collection Louis Becker.)

NANTES (GORGERAT FRÈRES) — Chasse au sanglier, camaïeu, vers 1780.
(Courtesy of Mr. Elsberg.)

Nantes (Petitpierre frères). — Le Port de Cherbourg, camaïeu, vers 1785.
(Musée de l'Union Centrale des Arts décoratifs.)

Nantes (Petitpierre frères). — Roses et Colombes, polychrome, vers 1780.
(Collection Tassinari et Chatel.)

NANTES (PETITPIERRE FRÈRES). — Fleurs et attributs, camaïeu, vers 1785.
(Musée des Salorges, Nantes.)

Nantes (Favre, Petitpierre et C^le). — Les Lois de Lycurgue, camaïeu, vers 1810.
(Bibliothèque Forney.)

NANTES (FAVRE, PETITPIERRE ET Cie). — Mademoiselle de Lavallière, camaïeu, vers 1825.
(Collection Louis Becker.)

NANTES (FALIGAN, NAGANT, BRÈVE ET Cⁱᵉ). — Sujet floral, polychrome, vers 1790.
(Collection Mᵐᵉ Henri Clouzot.)

ORANGE (J.-R. WETTER ET Cie). — Mouchoir, camaïeu, 1761.

(Collection Louis Becker.)

ORANGE (J.-R. WETTER ET Cie). — Montants de roses, polychrome, 1766.
(Metropolitan Museum of Art, New York.)

Orléans (J. de Mainville). — Fleurs de Pillement, polychrome vers 1775.
(Courtesy of miss Elinor Merrell.)

ORLÉANS (JACQUES DE MAINVILLE). — Fleurs et fruits de l'Inde, polychrome, vers 1775.
(Collection Louis Becker.)

PONT DE LA MAYE (LECLER PÈRE ET FILS). — La Corne fleurie, polychrome, vers 1790.

(Collection Mᵐᵉ Mayoux.)

Pont de la Maye (Lecler père et fils). — La Danse savoyarde, camaïeu, vers 1790.
(Collection Roger Ducasse.)

ROUEN (GABORY). — Chasse au cerf, polychrome, vers 1785.

(Collection Tassinari et Chatel.)

Sain-Bel (Blanc). — Décor indien, réserve, vers 1790.
(Courtesy of miss Elinor Merrell.)

SASSENAGE (Jacquenet du Parc). — Roses et lilas, polychrome, vers 1787.

(Bibliothèque Forney.)

Sèvres (Gayet et Montgirod). — Oiseaux et fleurs, camaïeu, vers 1760.
(Courtesy of Miss Elinor Merrell.)

WESSERLING (SENN, BIDERMANN ET Cie). — Oiseaux et fleurs, polychrome, vers 1788.
(Collection Charles Burger.)